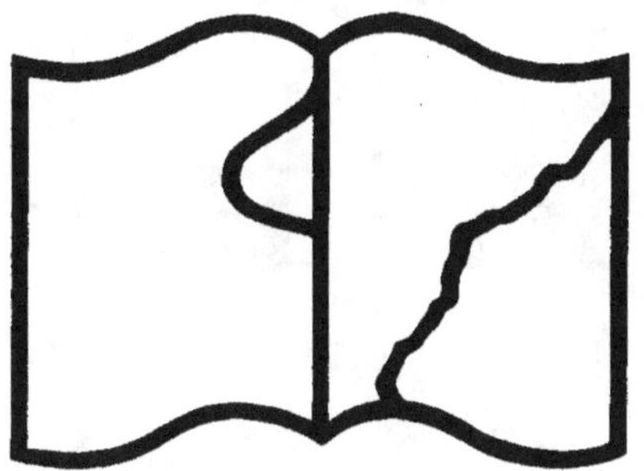

Texte détérioré — reliure défectueuse
NF Z 43-120-11

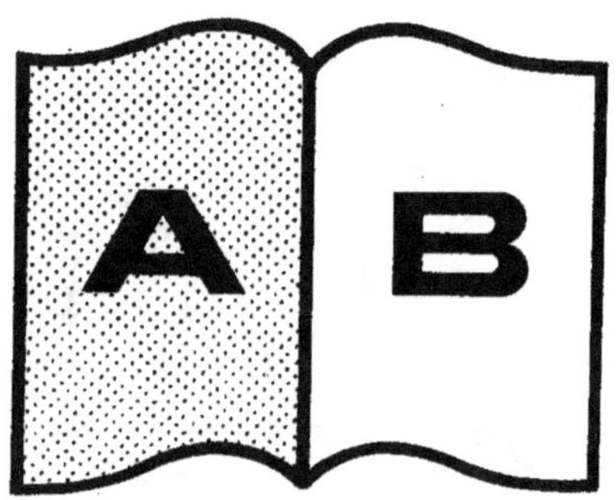

Contraste insuffisant
NF Z 43-120-14

AN X. —(CAHIER.)

JURISPRUDENCE

DU

TRIBUNAL DE CASSATION,

OU

PRÉCIS de tous les Jugemens de REJET et de CASSATION, sur des points importans du *droit* et de la *procédure*, en matière *civile*.

Indiquant les moyens d'ouverture, et la défense des parties, les conclusions du Commissaire, et la décision du tribunal.

Recueilli à l'audience, et publié le 1er. de chaque mois, à compter du 1er. Vendémiaire an 10, en un cahier de 32 pages *in-4°*.

Par le C. SIREY, Avoué en cassation, et le C. DENEVERS, Secrétaire-Greffier de la section Civile du Tribunal de Cassation.

Prix de l'Abonnement (franc de port) *15 fr. pour l'année, ou 3 fr. 75 cent. par trimestre.*

ON S'ABONNE A PARIS,

C. LAFORTE, Secrétaire du C. SIREY, quai de l'Horloge du Palais, ou des Morfondus, hôtel Izabeau.

AN X. — 1802.

REMBOURSEMENT. — CLAUSE PROHIBITIVE.

QUEL est le sens de l'article 14 de la loi du 27 thermidor an 6?

Dem. MOYNAT.
Déf. SAINT-DENIS.

Il n'est point dérogé par les lois du 16 nivose dernier, et par la présente, aux clauses résolutoires, ni aux clauses prohibitives, expressément apposées dans les contrats d'aliénation d'immeubles, pendant la dépréciation du papier-monnoie.

Cette disposition signifie-t-elle que la prohibition de payer avant un terme convenu, équivaut, *vi propriâ*, à une stipulation en numéraire?

Suffit-elle, du moins, pour autoriser les juges à *interpréter* le sens de la clause prohibitive, (d'après l'ensemble des circonstances), et pour induire, *ex arbitrio*, que les parties ont, ou n'ont pas eu, *l'intention* de stipuler en numéraire?

8 Juillet 1793. — Vente de la terre de Leugny par le C. Saint-Denis, au C. Moynat.

Le prix fut de 600,000 liv. —

400,000 liv. comptant, — 200,000 liv. payables dans dix ans.

Avec clause expresse que « l'acquéreur ne pourra anticiper le » remboursement, sous tel prétexte que ce soit......; attendu que » c'est à cette condition, et sur la foi de son exécution, que le » vendeur a consenti la vente, et n'en a porté le prix qu'à la » somme de 600,000 liv. »

Viennent les lois du 16 nivose an 6, et du 27 thermidor suivant.

L'acquéreur demande, ou à résilier son contrat, ou à ne payer le restant du prix que d'après *expertise.*

Le vendeur soutient que tout est consommé, de par la loi et le contrat; qu'il doit lui être payé 200,000 liv. écus.

L'acquéreur observe que l'immeuble acheté ne vaut pas 200,000 liv. écus. — Il se retranche dans les articles 2 et 3 de la loi du 16 nivose an 6, dont la disposition est *générale*, et seule *équitable*, puisqu'elle ordonne *l'expertise* de la portion d'immeuble non payée.

Voici ses expressions :

Art. 2. *Les sommes dues à raison de ventes d'immeubles faites, soit en propriété, soit en usufruit, depuis le 1er. janvier 1791 jusqu'à la publication de la loi du 24 messidor an 4, seront acquittées en espèces métalliques, néanmoins d'après la réduction et liquidation qui en seront faites ainsi qu'il suit, si l'acquéreur ne préfère de s'en tenir aux clauses du contrat ; ce qu'il sera tenu de notifier au vendeur dans le délai de trois mois, à dater de la publication de la présente.*

Art. 3. *Pour déterminer la réduction, lorsqu'elle devra avoir lieu, soit sur la totalité du prix si elle est encore due, soit sur la portion restante, les parties seront, en cas de non-conciliation, renvoyées à des experts, qui vérifieront et estimeront la valeur réelle que l'immeuble vendu pouvait avoir en numéraire métallique au tems du contrat, eu égard à son état à la même époque, et d'après la valeur ordinaire des immeubles de même nature dans la contrée.*

27 Ventose an 7. — Jugement du tribunal de Tours, qui ordonne la *réduction* dans le sens de la loi du 16 nivose.

5 Germinal an 8. — Jugement du tribunal de Loire et Cher, qui, réformant, déboute l'acquéreur de sa demande en réduction.

« Attendu la clause prohibitive, — l'intention évidente des par-
» ties de traiter en numéraire, — et l'art. 14 de la loi du 27 ther-
» midor an 6.

Pourvoi en cassation, fondé sur fausse application de la loi de thermidor, et contravention à la loi du 16 nivose an 6.

Le C. Bonnet, pour le demandeur, a posé en principe que toute stipulation faite en France, du tems du papier-monnaie, était *réductible*, — excepté dans deux cas.

Le premier, si les parties avaient positivement stipulé en *numéraire* ; le deuxième, si le législateur avait ordonné du *numéraire* par une disposition expresse. (Art. 1er. et 2 de la loi du 11 frimaire an 6).

Or, dans l'espèce, il ne voit ni *stipulation* des parties, ni *disposition* de la loi, qui soit *positivement* obligatoire d'un paiement en *numéraire*.

(67)

Et d'abord, quant aux dispositions de la loi, il a observé que dans tous les cas où la loi ordonne numéraire, (parce qu'elle *présume* que telle a été l'intention des parties), elle se défie de cette présomption: et (si elle n'ordonne *réduction*) elle laisse au débiteur la faculté ou de *résilier* son contrat, où de s'en tenir à une *expertise*.

Par exemple, dans les cas où l'emprunteur s'est soumis à fournir des marchandises, ou bien s'il s'agit de vente de matières d'or et d'argent, la loi *présume* que les parties ont entendu traiter en numéraire; mais elle autorise l'*expertise*. — (Art. 8 et 15, loi du 11 frimaire an 6).

A l'égard des constitutions de rente, — si elles ont été constituées pour prix de papier-monnaie, la loi *refait* le contrat, stipule numéraire, mais *réduit* la rente. — Si elles ont été constituées pour prix d'immeubles, la loi *présume* que les parties ont traité en numéraire ; mais l'acquéreur a la faculté de *résilier* le contrat. — (Art. 7, loi du 16 nivose an 6, n°. 1651, — et art. 5, loi du 27 thermidor an 6).

Ainsi, à l'égard des sommes dues pour vente d'immeubles, — le législateur ordonne (s'il n'y a option contraire) qu'elles soient payées en numéraire, d'après une *estimation* de la partie d'immeubles non payée. — (Tit. 1ᵉʳ. loi du 16 nivose id. — et art. 1ᵉʳ. loi du 27 thermidor an 6).

En général, la loi, *suppléant* le texte des *conventions*, n'ordonne *numéraire* qu'avec *réduction*, ou faculté de *résiliation* ou d'*expertise*.

Le principe général souffre exception dans les deux cas de *vente de droits successifs* ou de *délégation de douaire*. — (Art. 14, loi du 11 frimaire an 6, — et art. 11, loi du 27 thermidor an 6).

Mais dans ces deux cas, la loi s'explique positivement et sans ambiguité.

De manière donc qu'à moins d'y être autorisé par une disposition claire et positive, il n'est permis, à l'égard des créances du tems du papier-monnaie, d'ordonner un paiement en numéraire, qu'avec faculté de *réduction*, *résiliation*, ou *expertise*.

Actuellement, voyons si la loi du 27 thermidor an 6 contredit ce système général.

Elle ordonne l'exécution des clauses *prohibitives* et *résolutoires.*

C'est-à-dire, que, dans l'espèce, elle maintient la clause qui défend de payer avant le terme convenu.

Mais l'acquéreur avait consenti à ne payer qu'au terme convenu.

Point de contestation sur le *terme* du paiement.

Il n'y a contestation que sur le mode, sur la *quotité* du paiement.

Or la clause dont il s'agit, qui a réglé le *terme* de paiement, n'en a pas réglé la *quotité.*

Pour que l'art. 16 de la loi du 27 thermidor eût été applicable, il faudrait que les parties eussent dit :

« Convenu par exprès que le vendeur ne pourra ni *réduire* la » somme, ni s'acquitter en *papier-monnaie.* »

Ou bien : « Le contrat sera *résilié,* si le vendeur élève la prétention » de payer en papier-monnaie, ou de réduire la somme. »

Voilà deux clauses, l'une *prohibitive,* l'autre *résolutoire ;* dont l'effet pourrait être un paiement en numéraire, sans réduction. — Mais la prohibition dont s'agit, étrangère au numéraire, et au papier-monnaie, à somme *totale,* ou à somme *réduite,* ne règle absolument que l'*époque* du paiement.

Donc, fausse application de la loi du 27 thermidor.

« Mais, dira-t-on, ce fut évidemment l'*intention* des parties. »

Observons d'abord que les lois parlent de la *stipulation* des parties, et non de leur *intention.*

Ainsi, point d'équivoque. — Entendez-vous que le texte du contrat *stipule* numéraire, qu'il y a sur ce point *convention formelle ?* — Si cela était, pas de difficulté sur le *droit.* — Mais en point de *fait,* vous n'oseriez le prétendre.

Entendez-vous que les parties ne l'ont pas dit ; qu'elles n'ont pas osé le dire ; et que les juges doivent *deviner* leur intention, *interpréter* leur stipulation ?

Mais aucune loi n'autorise les juges à *interpréter,* pour *ajouter* à la stipulation des parties en matière de remboursement.

Tout système de *présomption* ou d'*arbitrage* fut proscrit formellement par le Corps législatif ; bien que ce système d'arbitrage fût séduisant, parût équitable.

Le législateur a voulu lui-même, et lui seul, *interpréter* la stipulation des parties ; c'est-là l'objet de toutes ses dispositions sur la matière.

Il ne laisse point aux juges d'*intentions* à présumer, mais bien des *dispositions* à appliquer.

Que si les juges avaient à *interpréter*, ils trouveraient dans l'*intention* des parties, qu'elles ont voulu un mode de paiement réglé, non par la législation actuelle au moment du contrat, mais par la législation existante à l'échéance de l'obligation.

Une législation équitable, en matière de remboursemens, était l'unique vœu des parties contractantes.

Or cette législation a été faite depuis.

La loi du 16 nivose règle la manière de payer les sommes restantes, pour prix d'immeubles.

Donc, et l'intention des parties, et la volonté du législateur en réclamaient l'application. — Donc il y a eu contravention.

Le C. Guichard, pour le défendeur, a soutenu que la loi du 16 nivose n'était pas applicable ; — en ce qu'elle était faite pour les cas *généraux*, et non pour les cas *particuliers*, où le contrat des parties offre une *clause prohibitive*.

Ces cas particuliers lui ont paru réglés par l'art. 14 de la loi du 27 thermidor, en ce que, d'après cet article, la défense de payer avant un tel terme, équivaut à la défense de payer autrement qu'en écus.

A l'appui de cette interprétation, il cite le rapport de Grenier, au Conseil des cinq-cents, le 7 floréal an 7, — suivi d'un décret d'*ordre du jour*. — Cette interprétation s'y trouve *littéralement*. — Il invoque aussi le rapport de Lassée au Conseil des Anciens, sur la loi du 27 thermidor an 6 (page 17 du rapport).

Que si l'art. 14 de la loi du 27 thermidor ne dit pas que *clause prohibitive sur le terme de paiement* signifie *convention en numéraire*, du moins il autorise les juges à fixer le sens de cette clause prohibitive d'après l'*intention* des parties.

Que la loi, en ordonnant le paiement en numéraire, si les parties l'ont ainsi *stipulé*, laisse nécessairement aux juges le soin d'apprécier les *stipulations* obscures, d'après l'intention des parties : *voluntatem potiùs quam verba spectari placuit.*

Et sur ce point, le défendeur a invoqué l'autorité de deux jugesmens de *rejet* rendus par le tribunal de cassation. — L'un par la section civile, le 13 thermidor an 8, entre Lemaire et Blavoyer; — l'autre par la section des requêtes, le 24 pluviose an 9, sur le pourvoi d'Eugénie Servandoni.

Le tribunal a maintenu cette jurisprudence, ainsi qu'il suit.

Attendu que les lois intervenues sur les transactions passées dans le tems du papier-monnaie, n'ont pas condamné les débiteurs à payer en numéraire, dans le cas où il y aurait eu une stipulation expresse à ce sujet; mais qu'elle l'ont ainsi ordonné dans celui où il paraîtrait, par des circonstances particulières, qu'elles ont indiquées, que telle avait été l'intention des parties.

D'où il suit que le jugement attaqué a pu, sans violer aucune de ces lois, voir cette intention dans les clauses particulières du contrat de vente dont il s'agissait au procès; et notamment dans celle par laquelle le demandeur s'était obligé de ne pouvoir rembourser la somme de 200,000 fr. avant le délai de dix années; « attendu » (y est-il dit) que ce n'est qu'à cette condition, et sous la foi de » son exécution, que les vendeurs ont consenti la vente de ladite terre » de Leugny, et n'en ont porté le prix qu'à la somme de 600,000 fr. »

Le tribunal rejette, etc.

Du 21 ventose an 10. — Section civile. — *Rap.* Pajon.

PRIX DE VENTE.

PAR contrat du 26 novembre 1787, TAILLANDIER vendit à ROURE le domaine de Griso-Manches.

Le *prix* ne fut point fixé; mais les parties stipulèrent que le domaine serait payé, suivant l'estimation d'experts qu'elles nommèrent.

Roure se mit en possession. — Dix ans s'écoulèrent, dans cette situation, sans que l'expertise fût faite.

Dans l'intervalle, meurt l'expert de Taillandier, vendeur.

Après cette mort, Taillandier attaque Roure en désistement.

Celui-ci excipe de son contrat, de sa possession décennale, et demande que son vendeur soit tenu de nommer un nouvel expert.

12 Nivose an 8. — Jugement de première instance, qui ordonne la nomination d'un nouvel expert de la part de Taillandier.

29 Prairial an 9.—Jugement du tribunal d'appel, séant à Riom, qui, considérant que les parties n'avaient convenu de la *vente*, qu'après avoir convenu de leurs experts ; que le vendeur ne pouvait être tenu de placer ailleurs la confiance personnelle qu'il avait dans l'expert décédé, déclare la vente faite *sans prix* et conséquemment *nulle.*

Pourvoi en cassation, pour contravention aux lois qui ordonnent l'exécution des contrats.

Le principal argument du demandeur, c'est que pour l'essence d'une vente, il n'est pas nécessaire que le *prix* soit *déterminé :* il suffit qu'il doive le devenir, et qu'il ne soit pas laissé au pouvoir seul de l'une des parties. (Pothier, traité des contrats de vente, part. 1ʳᵉ. n°. 25).

Or dans l'espèce, le prix n'était pas laissé au pouvoir de l'une des parties ; puisqu'il était laissé à l'arbitrage de deux experts.

Le commissaire a pensé que les parties n'avaient pas voulu faire déterminer le prix de la vente, par des experts en général, mais par tels et tels, ayant leur confiance *personnelle* et peut-être *exclusive.*

Ce fait était constant par le jugement dénoncé.

Or, en droit, la question lui paraissait littéralement décidée par la loi dernière, au code *de contrahendâ emptione et venditione* (qui régit le lieu des parties). — Cette loi décide que l'empêchement de l'expert nommé fait qu'il n'y a pas de *prix,* donc pas de *vente.*

Super rebus venundandis, si quis rem ità comparaverit ut res vendita esset, quanti titius æstimaverit. . , . . ipse noluerit vel non potuerit præetium definire, tunc pro nihilo esse venditionem : quasi nullo præetio statuto.

Il a conlu au rejet du pourvoi.

Le tribunal,

Considérant que la nomination respective des experts, chargés de faire l'estimation du domaine de Griso-Manches, a précédé la convention de vente ; conséquemment que les juges d'appel de Riom n'ont contrevenu à aucune loi, en décidant que la confiance personnelle du vendeur et de l'acheteur, en la probité de ces experts, était un des élémens essentiels de cette convention, et que la vente se trouvait résolue par la mort d'un de ces experts avant l'estimation faite,

Le tribunal rejette, etc.

Du 1er. ventose an 10. — Sect. des requêtes. — *Rap.* Brillat-Savarin.

MINEUR. — VENTE D'IMMEUBLES.

Dem. RICHARD.
Déf. RIGAL.

LES deux parties avaient, l'une après l'autre, acquis un champ du nommé BOUTONNET.

RICHARD, pendant la minorité du vendeur;

RIGAL, peu après la première vente, mais lorsque le vendeur fut sorti de minorité.

Les deux acquéreurs avaient également pris possession, immédiatement après leur contrat.

Question, entr'eux, de savoir auquel des deux titres étaient due la préférence.

Il était convenu en droit, (d'après la loi *quoties*, au code *de rei vindicatione*), que la préférence était due à celui des deux qui, le premier, avait obtenu la *tradition* du champ.

Richard avait pour lui la *priorité* du tems; mais Rigal prétendait avoir seul la *légitimité* du titre.

Le procès se réduisait donc à savoir si le titre de Richard était légitime; si le mineur touchant à sa majorité, et contractant sans l'assistance de son curateur, sans formalité de justice, avait pu opérer en sa faveur *tradition* du champ.

Jugemens de première instance et d'appel, en faveur de Rigal, attendu la *nullité* du titre de son adversaire.

Pourvoi en cassation, fondé sur ce qu'il n'y a pas nullité dans la tradition de la part d'un mineur adulte.

Le C. Mailhe, pour le demandeur, disait que selon le droit romain, les contrats du mineur ne sont pas *nuls*, et subsistent jusques à *rescision*.

Auxilium eis prætor, hoc edicto, pollicitus est (dit la loi 1re. ff. de minoribus) — *si emit aliquid, si vendidit.... ei succurretur*, (ajoute la loi 7°. §. 1er. du même titre).

Ce secours promis par le préteur s'appelait *restitution en entier.*

Et ce bénéfice de restitution n'était accordé que pendant un certain nombre d'années après la majorité acquise, comme on le voit dans la loi 7, cod. *de temporibus in integrum restitutionis.*

Le C. Lavaux, pour le défendeur, répondait que, dans une vente faite par un mineur, il fallait distinguer le vice né de la *minorité,* ou de la *circonvention* présumée, et le vice né des *formes inobservées;* qu'à la vérité dans le premier cas, il n'y avait pas *nullité,* mais lieu à *restitution;* qu'au deuxième cas, la nullité y était pleine et entière.

Il étayait sa théorie, des lois 2, 9, 10, 11, 15 et 16, au code *de prædiis et aliis rebus minorum, etc.*

Il invoquait aussi l'autorité de Domat, au titre des rescisions et restitutions en entier.—Serres et Boutaric, sur le §. 2 du titre 8 du liv. 2 des institutes;—et l'auteur du traité des minorités, chap. 4, n°. 25.

Pour le demandeur il était répliqué :

Que plusieurs des autorités invoquées pour la nullité des actes de *mineurs,* s'appliquaient aux actes des *pupilles* ou *impuberes;* mais ne s'appliquaient point aux *puberes,* de qui la loi dit positivement le contraire : *puberes sinè curatoribus suis possunt ex stipulatù obligari.* (L. 101, ff. de verb. oblig.)

Que relativement aux actes des pubères ou adultes, les lois romaines n'ont pas expressément prononcé la peine de *nullité.*

Lorsque les lois romaines prononcent une *nullité* réelle, absolue, elles ont soin de dire que l'acte sera *nul de plein droit,* ou sera réputé *non-existant.*

Par exemple, si le fils de famille se marie sans le consentement de son père, il n'y a, dit la loi, ni époux, ni femme, ni dot, ni mariage. (§. *Si adversùs, instit. de nuptiis*).

Également si les formalités requises pour un testament sont omises, *il n'y a pas testament.* (L. 1ª. ff. de injust. rupt. testam.)

Mais lorsque la loi parle des ventes des mineurs adultes, elle ne dit point qu'il n'y a pas vente, que le contrat est nul de plein droit : elle dit qu'ils peuvent revendiquer leur fonds *si fundum dedisti...... vindicare eum potes* (L. 4ᵉ. cod. *de pred. min. sin. decr. non alien.*)

A la vérité, les lois 11 et 16 reconnaissent que le mineur a conservé un certain *domaine*, sur l'objet vendu; mais elles ajoutent, de suite, que ce domaine consiste dans la *faculté de revendication*, suivant l'édit qui autorise la restitution en entier.

En un mot, la voie de *restitution* est ouverte au mineur pour tous les actes de sa minorité, faits contre le vœu de la loi.

Or il y a contradiction à prétendre qu'un acte soit *nul* de plein droit, et cependant *sujet à restitution;* on ne peut rescinder ce qui est non existant, ou réputé tel.

Aussi la loi, quand il s'agit des ventes faites par les tuteurs ou curateurs, et conséquemment nulles pour défaut de qualité, n'étant qu'*administrateurs*, déclare que les mineurs n'ont pas besoin de se faire restituer, *non est vobis necessaria in integrum restitutio* (L. 2ᵉ, cod. id.)

Le C. Mailhe soutenait que Domat, Serres, Boutaric, et l'auteur du traité des minorités, ne disaient rien de contraire.

Si ces auteurs font, à l'égard du mineur adulte, une distinction entre le vice résultant de la *minorité*, et le vice résultant des *formalités omises*, ce n'est pas pour en inférer qu'il y ait *nullité* en aucun cas; c'est seulement pour établir que le vice de *formalités omises* donne toujours lieu à restitution; au lieu que le vice de *minorité* ne donne lieu à restitution qu'au cas de *lésion*.

Au surplus, et pour ne pas disputer sur le mot, le C. Mailhe disait : s'il y a *nullité*, du moins est-ce une nullité *relative*, susceptible d'être couverte par un laps de tems de dix ans après la majorité; et contre laquelle il faut se pourvoir par action directe en restitution.

C'est ce que décide positivement l'art. 134 de l'ordonnance de 1539, faite jadis pour établir une règle uniforme sur les prescriptions des actions des mineurs, pour raison des nullités d'actes de minorité, (cette matière étant auparavant très-controversée).

Ordonnons qu'après l'âge de 35 ans accomplis, ne se pourra pour le regard du privilége en faveur de minorité, plus déduire ni poursuivre la cassation desdits contrats, en demandant ou en défendant par lettres de relièvement, ou restitution, SOIT PAR VOIE DE NULLITÉ, pour toute aliénation de biens immeubles faite sans décret ni autorité de justice, lésion, déception ou circonvention, SINON AINSI QU'EN SEMBLABLE CONTRAT SERAIT PERMIS AUX MAJEURS d'en faire poursuite par relièvement ou autre voie de droit.

Donc tout acte nul, de nullité établie en faveur des mineurs, existait, et devait avoir exécution jusqu'à ce qu'il eût été *rescindé.*

A la vérité, nous ne connaissons plus en France l'usage des lettres de chancellerie pour la *restitution.*

Mais la loi du 11 septembre 1791, ordonne qu'en ce cas l'action soit immédiatement portée devant les juges compétens.

Ainsi, même parmi nous, l'acte vicié de nullité établie en faveur du mineur, existe jusques à ce que la rescision ait été demandée et prononcée.

Et puisque dans l'espèce la rescision n'avait été ni prononcée, ni demandée, la vente faite par le mineur devait être exécutée.

Donc, en ne tenant pas compte de cette vente, et de la tradition qui en a été la suite, il y a eu violation des lois qui assurent l'exécution des contrats des mineurs jusques à *rescision.*

Donc il y a lieu à cassation, et parce que le contrat n'était pas *nul,* et parce qu'en le supposant nul, c'est-à-dire annulable, la rescision n'en avait pas été prononcée.

Le commissaire Arnaud, a pensé que tout acte est *nul* de nullité absolue, alors qu'il est passé par un *incapable.* — Or, il tenait le mineur pour incapable. De-là découlait nécessairement la conclusion au rejet.

Le tribunal, attendu que la mise en possession par le mineur, sans formalités de justice, n'a pu suffire pour qu'il y eût *tradition légitime,* d'où il suit qu'il n'y a pas eu contravention aux lois romaines qui régissent les parties, — rejette la demande, etc.

Du 12 ventose an 10.—Section civile.—*Rapporteur,* Cochard.

ENREGISTREMENT.

Pour.oi
de la Régie.

Contrat de vente d'une vigne grevée de rente foncière.

L'acte de vente ayant été présenté à l'enregistrement, le receveur a perçu le droit, d'abord sur le prix exprimé de la vente de la vigne, et ensuite sur le capital de la rente foncière.

Il a considéré cette *rente* comme une *charge.* — Or l'enregistrement se perçoit sur le capital des charges du fonds; c'est la règle générale.

Christophe Jacquier et Melchior Lacroix, acquéreurs, se sont pourvus en remboursement du trop perçu.

1er. Fructidor an 8. — Jugement du tribunal d'arrondissement de Chamberry, qui leur adjuge leurs conclusions.

Pourvoi de la régie, fondé sur le §. 6 de l'art. 15 de la loi du 22 frimaire an 6, ainsi conçu :

Art. 15. *La valeur de la propriété, de l'usufruit et de la jouissance des immeubles, est déterminée pour la liquidation et le paiement du droit proportionnel, ainsi qu'il suit:*

§. 6. *Pour les ventes...... par le prix exprimé, en y ajoutant toutes les charges en capital, ou par estimation d'experts dans les cas autorisés par la loi.*

Le tribunal, considérant que, lorsque le §. 6 de l'art. 15 de la loi du 22 frimaire an 7, veut que, pour déterminer la valeur d'un objet vendu ou cédé, on joigne au prix exprimé dans l'acte, celui de toutes les charges imposées à l'acquéreur, cette disposition ne peut s'entendre que des charges imposées dans le contrat même, et non de celles inhérentes à la chose vendue, et qui la suivent dans quelques mains qu'elle passe, comme la rente foncière;

Considérant que tant que la rente foncière existe sur le fonds, la propriété de ce fonds se divise entre le bailleur qui conserve la directe, et le preneur qui ne reçoit que la propriété utile, et qu'il est improposable d'exiger du cessionnaire de ce dernier, des droits pour le transport d'une propriété qui ne lui est réellement point transmise;

Considérant enfin, que si au prix réel de la cession, il fallait joindre le capital de la rente foncière, il n'y aurait pas de raison pour ne pas y joindre aussi le capital de l'impôt foncier, qui suit de même le fonds, et oblige le possesseur, indépendamment de toute stipulation, ce qui serait ouvertement déraisonnable.

Par ces motifs, le tribunal rejette, etc.

Du 4 ventose an 10. — Section civile. — *Rapporteur*, Maleville.

DOUANES. — LAC LÉMAN.

La législation française, en matière de douanes établies sur les *côtes maritimes*, est-elle applicable au rivage du lac Léman?

Pourvoi de la Régis.

9 Brumaire an 10. — Procès-verbal des préposés aux douanes.

« Ayant pris un bateau, dans la nuit, pour aller à la découverte
» sur le lac Léman, et étant à 120 pas du rivage, ils entendirent
» des coups de rame : s'étant approchés, ils virent venir à eux un
» bateau chargé de tabac fabriqué. — Le batelier, interrogé sur l'ori-
» gine et la destination de ce tabac, déclara l'avoir pris à Vevay,
» pour le conduire à Nyon : il représenta une lettre de voiture ».

Saisie du bateau et des marchandises, en vertu de l'article 7 du titre 2 de la loi du 4 germinal an 2, ainsi conçu :

Les capitaines et autres officiers et préposés sur les bâtimens du service des douanes, ceux du commerce ou de marine militaire pourront visiter tous BATIMENS au-dessous de CENT TON-NEAUX, étant à l'ANCRE ou louvoyant DANS LES QUATRE LIEUES DES CÔTES DE FRANCE, hors le cas de force majeure, — si ces bâtimens ont à bord des marchandises dont l'entrée ou la sortie est prohibée en France, ils seront confisqués, ainsi que les cargaisons, avec amende de 500 liv. contre les capitaines des bâtimens.

Jugement du juge de paix.

Considérant que la lettre de voiture atteste le départ de Vevay et la destination pour Nyon, deux points du territoire Helvétique. — Qu'il n'y a eu ni importation, ni tentative d'importation sur le ter-

itoire français. — Que le procès-verbal ne dit pas jusques à quel point le bateau s'était approché du rivage.

La régie est déboutée.

Appel. — Jugement confirmatif.

Pourvoi en cassation. — Le commissaire Lamarque a pleinement adopté les motifs du jugement dénoncé.

De plus, il a observé que, par ses termes, de *bâtimens*.... de *capitaines*... de *côtes de France*.... de *quatre lieues de France*... la disposition ne paraissait applicable qu'aux *côtes maritimes*.

Or cette législation, faite pour les côtes maritimes, si on l'appliquait aux rives du *lac Léman*, aurait l'inconvénient d'intercepter, de ruiner le commerce helvétique ; tout bateau qui voguerait sur le lac Léman, étant inévitablement à distance de moins de quatre lieues, du rivage, serait sujet à la visite et deviendrait confiscable.

La république helvétique, souveraine sur son territoire, peut sans doute expédier d'un port à l'autre, telles marchandises qu'il lui plaît. — Il ne peut y avoir lésion des droits de la république française, qu'autant que ces marchandises seraient *introduites* sur notre territoire, ou que du moins il y aurait *tentative d'introduction*.

S'il y avait entre les *préposés* et le *conducteur*, contestation sur le point de fait de *tentative d'introduction*, peut-être serait-il à regretter que le législateur n'ait pas prévu le cas, et déterminé la règle à suivre.

Mais il est constant qu'il n'y a pas eu même *tentative d'introduction*.

Ainsi pas de griefs à la République française. — Pas de contravention à ses lois. — Pas de moyen de cassation.

Le tribunal, attendu que dans le fait, le jugement dont il s'agit, décide que le bâtiment et la cargaison dont est question, n'étaient point en état d'introduction en fraude ; et attendu que d'ailleurs dans le droit, l'article 7, titre 2 de la loi du 4 germinal an 2, invoquée par l'administration des douanes, n'est relatif qu'aux *bâtimens* saisis à l'ancre ou louvoyans en fraude *sur mer*.

Rejette la requête des douanes.

Du 6 floréal an 10. — Section des requêtes. — *Rapp*. Cassaigne.

HYPOTHÈQUE. — Confiscation.

Dem. les Héritiers
Lecomte.
Défend. la dame
Belanger.

Dans le conflit de l'édit de 1771, qui conserve les droits du créancier hypothécaire, et des lois de révolution qui ont obligé le débiteur des *condamnés* à *verser* dans la caisse nationale (sans égard aux droits du créancier hypothécaire), quel est le sort du créancier et du débiteur?

Une ferme de Thiais fut vendue en 1793 par le C. Dormesson, à la dame Belanger, pour le prix de 425,000 liv.

340,000 liv. furent comptés à la passation du contrat.

85,000 liv. restèrent dans les mains de l'acquéreur.

Dormesson périt sous la hache révolutionnaire. — Ses biens furent confisqués. — La dame Belanger fut vivement poursuivie par les agens du fisc pour s'acquitter de ce qu'elle devoit à Dormesson.

Elle paya 89,500 liv. en capital et intérêts, et reçut une quittance *définitive et pour solde.*

Depuis lors, elle crut devoir prendre des lettres de ratification. — Les héritiers Lecomte y furent opposans. — Elle excipa de son paiement forcé à la nation. — L'opposant répondit avoir hypothèque sur la *totalité* du prix, comme sur la totalité des arpens de terre; et sans quereller le paiement de 89,500 liv. à la nation, il demanda d'être payé sur les 410,000 liv. qui n'avaient pu être payées à l'acquéreur au préjudice de ses créanciers.

26 Prairial an 4. — Jugement du tribunal de la Seine, qui confirme les oppositions sur les sommes payées à Dormesson.

26 nivose an 6. — Jugement d'appel du tribunal de Versailles, qui dégage la dame Belanger, jusques après l'épuisement des 89,900 liv. versées à la caisse des domaines nationaux.

13 Frimaire an 7. — Jugement du tribunal de cassation, qui, « attendu que l'art. 19 de l'édit de 1771, ordonne le paiement *sur* » *le prix entier de l'opposition*, casse, etc. »

18 Thermidor an 7. — Jugement du tribunal de l'Oise, portant que l'action hypothécaire ne donne droit au créancier opposant, que jusqu'à concurrence de sa créance; que la dame Belanger avait payé à la nation

au-delà de la créance des héritiers Lecomte ; qu'ainsi les héritiers Lecomte doivent se pourvoir sur la somme payée au trésor public.

Nouveau pourvoi en cassation.

Le C. Thilorier, pour les demandeurs, invoquait l'art. 6 et l'art. 19 de l'édit de 1771, comme loi de la matière; il soutenoit que l'entier prix de la vente était affecté aux opposans ; que si les 89,900 liv. versés à la caisse des domaines nationaux avaient péri, les opposans devaint être payés sur le surplus des 425,000 liv. prix de la vente.

Les efforts de l'orateur tendaient à présenter la révolution comme un *orage*, et ses lois comme un *torrent* : malheur à qui en a été victime! Mais aujourd'hui la législation de ce tems doit être oubliée. — En un mot, l'édit de 1771 assurait le droit des demandeurs; la législation révolutionnaire les avait *suspendus* ; mais la loi du 21 prairial an 3 les a *rétablis*. — Donc ils existent encore dans leur force première. — Donc en les méconnaissant il a été contrevenu à l'édit de 1771.

Un double vice a été reproché au système des demandeurs.

Le C. Becquey-Beaupré, pour les défendeurs, a soutenu, — que leur droit d'hypothèque avait subi une modification destructive ; — que, dura-t-il encore dans sa force première, ce droit d'hypothèque ne pourrait atteindre les sommes payées au vendeur.

La première assertion puisait ses développemens et son autorité dans un rappprt fait au conseil des Cinq-Cents, le 12 thermidor an 7, par le C. Jacqueminot, au nom d'une commission spéciale.

Et d'abord, il rappelait que les biens des condamnés furent soumis aux mêmes lois que les biens des émigrés.

Or, à l'égard des biens d'émigrés, aussitôt que la nation étoit à leurs droits, une législation révolutionnaire changeait la nature des biens, les droits des créanciers, les obligations des débiteurs.

Le débiteur des condamnés devenait débiteur de la nation ; était obligé de payer l'entière dette, sans tenir compte de toutes oppositions mobiliaires ou immobiliaires.

Les créanciers de l'émigré devenaient créanciers directs de la nation. — Par elles ils étaient payés, — et ils ne conservaient plus de droit sur les immeubles affectés au paiement de leurs créances.

Tous les biens, en devenant nationaux, étaient affranchis de toutes hypothèques.

Quarriva-t-il donc lors de la confiscation de Dormesson ?

Les héritiers Lecomte furent créanciers directs de la nation, pour la somme à eux due par Dormesson ; — mais, à raison de cette créance, ils n'avaient plus d'hypothèques.

Donc, à cette époque, la nation était la seule à qui il fût dû pour raison de la ferme de Thiais. — Il y a eu libération de par la nation. — Donc cette libération doit avoir plein effet.

Quel qu'ait été le mérite des lois de révolution, par cela seul qu'elles furent *lois*, elles furent la *règle des actions ;* et toutes actions nées sous l'empire de ces lois doivent être appréciées selon elles : impossible d'en faire *abstraction,* comme le demandeur le propose.

En un mot, l'hypothèque a été *détruite* par la confiscation.

Elle n'a pas été *rétablie* par la restitution, puisque *les restitués doivent r prendre les choses dans leur état actuel* (art. 18.)

Donc aujourd'hui plus d'hypothèque sur la ferme de Thiais.

Mais quand l'hypothèque n'eût pas été détruite, la dame Belanger serait encore à l'abri de l'action qu'on lui intente ; — car si le versement de ses fonds n'est pas un *paiement,* c'est, du moins, *une consignation.* — Dans les deux cas, il y a *libération.*

A la vérité, l'hypothèque est *tota in toto,* — c'est-à-dire que tout détenteur de fonds est dans le cas de la maxime *solve aut cede.*

Mais Dhéricourt et tous les auteurs sur la matière, conviennent que l'opposant n'a de droit sur le prix provenant d'un immeuble, que jusques à concurrence de ce qui lui est dû.

En sorte qu'il est désintéressé dès qu'il y a paiement ou *consignation* de ce qui lui est dû ; (ainsi jugé par le tribunal de cassation, le 27 nivose an 7).

Il a donc suffi à la dame Belanger de consigner une somme au-delà de ce qui est dû aux héritiers Lecomte, pour que leur opposition doive être levée, si tant est que leur hypothèque n'ait pas été détruite par le fait de confiscation.

Sous ce double rapport, le jugement doit donc être maintenu.

Le commissaire Merlin a rappelé comment la loi du 1ᵉʳ floréal au 5 avait *définitivement* fixé la législation sur les biens confisqués, en abolissant l'hypothèque affecté sur ces biens, et rendant les créanciers des émigrés ou de ceux qui y étaient assimilés, créanciers directs de la nation, (pourvu que l'individu frappé de confiscation ne fût pas failli ou insolvable).

Mais, il s'est attaché principalement à la législation *provisoire*; et il a vu dans la loi du 8 avril 1792 et du 28 juillet 1793, que la caisse des domaines nationaux était une caisse de *sequestre*.

Partant de ce point de droit, il a dit : les héritiers Lecomte n'avaient sur le prix, droit qu'à la partie correspondante à leur créance.

Si la dame Belanger leur eût compté les 40,000 liv. qui leur sont dûs, elle serait affranchie de leur hypothèque.

Il en serait de même si elle eût payé cette somme à un *fondé de pouvoir* des héritiers Lecomte.

Donc elle est également libérée, si elle a payé à quelqu'un chargé *par la loi* de recevoir *pour* les héritiers Lecomte.

Or, ce fut là l'objet de la caisse de sequestre.

Il a été de l'avis du rejet.

Le tribunal, considérant que l'hypothèque s'éteint avec la dette dont elle n'est que l'accessoire; qu'ainsi l'art. 6 de l'édit du mois de juin 1771, invoqué par les veuve et héritiers Lecomte, ne peut avoir été violé s'il y a eu libération valable; et que cette libération résulte du versement fait par la femme Belanger dans la caisse nationale, de la somme restée en ses mains, plus que suffisante pour faire face à leurs prétentions;

Considérant que l'art. 19 du même édit règle seulement l'ordre du prix à distribuer *entre les créanciers opposans*; que si, d'après cet article, l'acquéreur est comptable euvers eux de la totalité de ce prix, ce ne peut être que lorsque leurs créances l'excèdent ou l'égalent; et que la femme Belanger avait été fondée, d'après ces principes, à payer à son vendeur une partie du montant de son acquisition, ayant retenu en ses mains plus du double de la créance des veuve et héritiers Lecomte;

Considérant, au surplus, que, d'après les lois relatives aux émigrés et aux condamnés, leurs débiteurs étaient tenus, sous les peines les plus graves, de déclarer et de verser les sommes par eux dues, nonobstant toutes oppositions, la République demeurant chargée d'acquitter leurs créanciers, qui étaient, en conséquence , déclarés créanciers directs de l'État; que ces lois ayant placé sous la garantie nationale les débiteurs qu'elles obligeaient de se libérer , il est impossible de ne pas demeurer convaincu que l'édit de 1771, dans les dispositions qui ne pouvaient pas se concilier avec elles, est demeuré abrogé ou modifié pendant que leur exécution a duré ; que la femme Belanger a été libérée par les versemens qu'elle a été obligée de faire , et que les veuve et héritiers Lecomte ne peuvent plus avoir contre elle, ni l'immeuble dont il s'agit, d'action directe ou hypothécaire, au préjudice de la quittance qui lui a été donnée pour solde , la loi de restitution des biens des condamnés n'ayant donné ni à leurs héritiers, ni à leurs créanciers le droit de revenir sur ce qui avait été fait avant cette loi.

Rejette la demande.

Du 6 ventose an 10. — Sections réunies. — *Rapporteur*, Coffinhal.

ENREGISTREMENT. — Signes de Mutation.

Une maison sise à Chartres, avait été adjugée à Dhosier , avec faculté d'élire un *command*.

Point de déclaration de command, — ni d'acte translatif de propriété.

Mais un C. Lacroix avait payé, en nom personnel, une portion du prix; de plus il avait été porté au rôle de la contribution foncière.

Après la mort de Lacroix, ses héritiers furent cités en paiement de deux droits de mutation.

Le premier, pour l'acte qui avait transmis la maison de Dhosier à Lacroix.

Le deuxième, pour le droit de succession de feu Lacroix.

Contrainte décernée. — Opposition.

De la part des héritiers, il fut prétendu que Lacroix, s'il était propriétaire de la maison, l'était probablement par suite d'une déclaration de command faite par Dhosier.

Que d'ailleurs son droit de propriété n'était pas suffisamment constaté.

Discussion sur le sens de l'art. 33 de la loi du 9 vendémiaire an 6, ainsi conçu :

La mutation d'un immeuble en propriété ou usufruit sera suffisamment établie, relativement à la demande des droits, soit par des paiemens faits d'après les rôles de la contribution foncière, soit par des baux passés par le nouveau possesseur, soit enfin par des transactions ou tous autres actes qui constateront la propriété ou jouissance.

Jugement qui déboute les héritiers de leur opposition : attendu que le paiement du prix, et la cottisation au rôle indiquent suffisamment la mutation.

Pourvoi en cassation, pour fausse application de l'art. 33 de la loi du 9 vendémaire an 6 ; en ce que ce n'est pas la *cottisation au rôle*, mais le *paiement* de la contribution, qui est le signe légal de la mutation.

Le tribunal, considérant que la disposition invoquée autorisait les juges à trouver la preuve de la mutation dans tout acte constatant la propriété ou la jouissance ; que le paiement du prix de vente, en nom personnel, et la cottisation au rôle ont pu lui paraître suffisantes preuves ; qu'il y a eu juste application de la loi invoquée, rejette, etc.

Du 15 floréal an 10. — Section des requêtes. — *Rapp.* Minier.

DONATION DÉGUISÉE.

Pourvoi de GUÉRIN et consorts, héritiers de la dame BOSSAS.

Duchol avait pour sœur une dame de Bossas, riche, dévouée et plus qu'*octogénaire*.

En 1789, — il va résider auprès d'elle. — Il est fait par elle son légataire universel.

Arrive la loi du 17 nivose. — Alors la sœur de Duchol retouche à ses dispositions ; elle donne au fils de son frère le sixième disponible. — De plus elle confirme son premier testament, au cas que, lors du décès, il se trouve autorisé par les lois.

Ces dispositions n'étaient pas suffisantes ; en voici d'une autre espèce.

La dame Mauclerc, femme Duchol, fait prononcer son divorce.

Et, divorcée, elle achette le bien de la sœur de Duchol (19 frimaire an 3).

Cette vente fut faite pour le prix de 240,000 livres assignats, dont 40,000 comptant. — Et peu après, paiement de 120,000 liv.

4 Nivose an 3. — Décès de la venderesse.

Alors, les successibles attaquent la vente ; ils disent qu'elle est une donation déguisée, proscrite par la loi du 17 nivose. — Ils en tirent la preuve de la prédilection marquée de la venderesse pour la famille qui a acquis, de la vilité du prix, et de ce que la défunte n'avait aucun besoin de vendre. — Ils prétendent que cette vente, défendue par la loi, si elle était au profit du frère successible, est également défendue à l'égard de son épouse, qui n'a évidemment feint de divorcer que pour assurer sa proie.

Jugement qui, attendu qu'il y a vente à prix déterminé, et non à *fonds perdu* ; que d'ailleurs cette vente n'est pas faite à un successible ; que la vilité du prix n'est pas preuve de fraude;

Attendu que d'ailleurs la voie de rescision, pour lésion, restait ouverte aux héritiers;

Les déboute de leur demande en nullité du contrat.

Appel. — Jugement confirmatif par le tribunal d'appel séant à Lyon.

Pourvoi de Guerin et consorts, pour contravention à l'art. 26 de la loi du 17 nivose an 2, et à la solution législative de la 55e. question dans la loi du 22 ventose.

Le tribunal, considérant que le contrat qui a donné lieu au procès, porte tous les caractères d'une vente à prix déterminé; que cette vente qui, d'après la loi, aurait pu être faite à un successible, a été faite à une étrangère à l'égard de la venderesse ; qu'ainsi en la confirmant, les juges ne sont contrevenus ni à la loi du 17 nivose an 2, ni à celle du 22 ventose suivant, qui ne peuvent être applicables à l'espèce, contre les conclusions du commissaire, rejette le pourvoi, etc.

Du 3 germinal an 10. — Section des requêtes. *Rapporteur*, Chasle.

ENFANT NATUREL.

Pourvoi de Cass.
DELEDECQUE.

En l'an 6, est mort Augustin Laloi.

Après sa mort, une demoiselle DELEDECQUE, au nom d'un fils naturel, né en 1780, a réclamé sa succession.

Ce fils naturel n'avait point été reconnu; — mais la mère alléguait (sans dénégation contraire) une foule de circonstances probatives, même un commencement de preuves par écrit.

4 Brumaire an 9. — Jugement du tribunal d'arrondissement de Lille, qui, attendu la non-dénégation des circonstances alléguées, reconnaît l'enfant pour fils de feu de Laloi, et le renvoie en possession de sa succession.

8 messidor an 9. — Jugement d'appel, qui, « attendu que la demande de la demoiselle Deledecque est une action en déclaration de paternité, proscrite par la loi du 12 brumaire an 2, à l'égard des pères morts après la publication de cette loi, attendu qu'il faudrait, de la part du père, une reconnaissance formelle, qui n'existe pas, infirme le jugement, etc. »

Pourvoi en cassation, fondé sur la contravention à l'article 8 de la loi du 12 brumaire an 2, ainsi conçu :

Pour être admis à l'exercice des droits ci-dessus, dans la succession de LEUR PÈRE DÉCÉDÉ, *les enfans nés hors du mariage seront tenus de prouver leur possession d'état. — Cette preuve ne pourra résulter que de la représentation d'écrits publics ou privés du père, ou de la suite des soins donné s à titre de paternité.....*

La demanderesse observait que cette disposition prouvait la suffisance des preuves offertes par elle, pour établir la filiation de son fils.

Que si ces preuves avaient été repoussées, c'était par suite d'une erreur sur le sens du mot *succession de leur père décédé.*

Que les juges ont attribué à ces expressions, un sens, comme si le législateur avait dit, *les preuves de filiation seront admissibles à l'égard seulement des successions de pères qui sont* DÉJA DÉCÉDÉS.

Que la loi, au contraire, a voulu dire, que *les enfans sont tenus de prouver ainsi leur état, pour être admis à la succession de leur père,* QUAND IL SERA DÉCÉDÉ.

Que lire, comme s'il y avait *leur père* DÉJA *décédé*, c'était détruire l'effet de l'article 1ᵉʳ., qui dispose pour les successions *à venir*.

Que ce serait aussi contrarier l'*intention* connue du législateur, en ce qu'il est notoire que cette disposition de l'article 1ᵉʳ. fut *ajoutée*, par suite de la discussion, tout exprès pour régler les successions qui s'ouvriraient dans l'intervalle de la loi du 12 brumaire à la publication du code civil.

Que si l'article 1ᵉʳ., après avoir appelé les enfans naturels aux successions *ouvertes au passé*, les appelle encore aux *successions à venir, sous la réserve portée en l'article 10*, (c'est-à-dire, *selon un mode futur, qui sera prescrit* par le code civil); cela doit s'entendre seulement des successions qui s'ouvriront sous l'empire du code civil.

Qu'il y aurait absurdité à prétendre que le législateur a voulu laisser dans l'incertitude l'état civil des enfans naturels, et le sort des successions qui s'ouvriront jusqu'à la publication d'un code civil. — Ce qui serait un *interrègne* de la loi, une véritable *anarchie*.

Que de ce système, résulterait la conséquence désastreuse, que l'enfant naturel n'a qu'à mourir *provisoirement* de détresse, d'angoisses et de douleur, sans aucun secours, même alimentaire sur les biens de son père. — Ou bien, il faudrait parer à cet inconvénient, par un inconvénient plus grave encore; c'est-à-dire, que pour donner *provisoirement* la subsistance à l'enfant naturel, il faudrait s'autoriser des *lois anciennes*, admettre la *recherche de paternité*, descendre à tous les détails des mœurs domestiques et de la chronique scandaleuse.

Il y a plus, le prétendu silence des lois actuelles sur les successions ouvertes après le 12 brumaire, autoriserait encore les tribunaux à charger des alimens d'un bâtard, même le père vivant qui le désavoue.

Or est-il rien de plus contraire à nos lois, à nos mœurs, à toute les décisions émanées de l'autorité publique ?

De telles conséquences démontrent l'absurdité du principe. — Ainsi l'art. 8 de la loi du 12 brumaire an 2, ne doit pas être restreint aux successions lors ouvertes : il doit s'appliquer encore aux successions *à venir*, jusqu'à la publication du code civil. — De-là le moyen de cassation.

Le commissaire a rappelé, contre l'opinion de la demanderesse, 1°. L'arrêté du directoire, du 12 ventose an 5, sur le rapport du ministre de la justice; 2°. la décision du conseil des anciens, du 12 thermidor an 6; 3°. la constante jurisprudence du tribunal de cassation, qui, pour les *preuves de filiation*, comme pour les *droits de successibilité*, renvoie les enfans naturels des pères décédés depuis la loi du 12 brumaire an 2, aux dispositions du *code civil*, et qualifie d'*excès de pouvoir* tout prononcé des juges sur cette matière.

Ainsi, le 24 prairial an 7, la section civile, au rapport du C. Gamon, a cassé un jugement qui avait reconnu les droits d'un fils de la. Lepeigneux, sur la succession d'Antoine Banes.

Ainsi, le 4 pluviose an 8, la section civile, au rapport du même juge Gamon, a cassé un jugement qui avait admis Bonne Julie Josephe, fille naturelle, à la succession de son prétendu père, J.-B. Olivier.

Ainsi encore, par jugement du 4 nivose an 10, au rapport de Babille, la section civile a cassé un jugement rendu par le tribunal civil du département du Tarn, en ce qu'il accordait à *Marie-Apolline Florieu*, fille naturelle, la succession de *Dignan Brunet*, son prétendu père.

Le commissaire a cru la jurisprudence fixée : il a conclu au rejet.

Le tribunal, considérant que le jugement attaqué, en rejetant ladite demande formée par la réclamante pour son fils mineur, à fin d'envoi en possession de la succession de Guillaume-Augustin-Joseph Laloi, n'est point contrevenu à l'art. 8 de la loi du 12 brumaire an 2, cet article n'étant applicable qu'aux enfans naturels dont les pères étaient décédés lors de la publication de la loi.

Rejette, etc.

Du 4 germinal an 10. — Sect. des requêtes. — *Rapp*. Vermeil.

DOUAIRE. — DIVORCE. — Séparation de corps.

Le *douaire* est-il un *droit acquis* du jour du mariage? — Ou bien n'est-il qu'une *expectative* subordonnée au cas de survie?

Est-ce par sa *nature*, ou par *force de la loi*, que le *divorce* éteint le droit au *douaire*?

L'art. 6 de la loi du 20 septembre 1792, qui décheoit les divorcés de tout droit aux gains de survie, et conséquemment du *douaire*, est-il applicable aux divorcés, par suite de *séparation de corps*?

Une contestation entre les deux épouses, *successives*, de Buffon, (fils de l'historien de la Nature), a donné lieu au jugement de ces questions.

En 1784. — Mariage entre Leclerc de Buffon et la demoiselle Cepoy. — 5,000 liv. de rente furent le douaire préfixe de l'épouse. Le contrat porte soumission à la coutume de Bourgogne.

En 1791. — Les deux époux furent séparés de corps. Ils exécutèrent la séparation par acte du 29 décembre 1791. — Et l'épouse se réserva tous les droits assurés par son contrat de mariage.

Après la loi du 20 septembre 1792, Buffon fut divorcé, par suite de la séparation de corps.

Il se remaria avec une demoiselle Daubenton, et le 22 messidor an 2, traduit à la commission dite tribunal révolutionnaire, il mourut, laissant sa succession à sa nouvelle épouse.

L'épouse divorcée (devenue dame Renouard-Bussiere) a prétendu que le décès de son premier mari avait donné ouverture à l'exercice de son douaire, payable par la succession.

La nouvelle épouse, *héritière*, a répondu qu'il n'y avait de *douaire* que pour les *veuves;* que l'*épouse divorcée* de Buffon n'était pas sa *veuve*, puisque le divorce avait brisé les liens de son *mariage*.

Pourvoi de l'héri-
tière Buffon.

12

19 Pluviose an 9. — Jugement du tribunal d'arrondissement de Paris, qui déclare le douaire n'être pas dû ;

Attendu que l'épouse divorcée, ayant cessé d'être *épouse*, ne devient pas *veuve* par le décès du divorcé ;

Attendu que le décès de Buffon eût-il imprimé à son épouse *divorcée*, la qualité de sa *veuve*, elle ne pourrait réclamer de *douaire*, puisque l'article 6 de la loi du 20 septembre 1792 a détruit, pour *l'avenir*, tout droit à un douaire; et que l'art. 10 ne lui laisse à réclamer, comme *droits acquis* (même pour le *passé*), que les droits *réglés* par le jugement de séparation, ou par le traité qui en fut la suite; titres par lesquels le droit de douaire n'a point été réglé dans l'espèce.

Appel de la part de la dame de Bussiere (divorcée de feu Buffon).

Nouvelle discussion sur le sens des art. 6 et 10 du §. 3 de la loi du 20 septembre 1792, dont voici les termes :

Art. 6. « A l'égard des droits matrimoniaux, emportant gain de
» survie, tels que *douaire*, augment de dot ou agencement; droit
» de viduité; droit de part dans les biens meubles ou immeubles du
» prédécédé, ils seront, dans tous les cas de divorce, éteints et
» sans effet ».

Art. 10. « En cas de divorce pour cause de séparation de corps,
» les droits et intérêts des époux divorcés resteront réglés comme ils
» l'ont été par les jugemens de séparation et selon les lois existantes
» lors de ces jugemens, ou par les actes et transactions passées entre
» les parties ».

L'appelante disait :

Que si l'article 6 anéantit les gains de survie au cas de divorce, c'est seulement pour les divorces prononcés dans l'un des trois cas introduits par le droit nouveau, de *consentement mutuel*.... d'*incompatibilité d'humeur*..... ou de *cause déterminée*, (dont les neuf premiers articles du §. forment la législation complette).

Que relativement aux divorces prononcés pour cause de *séparation de corps*, établie par le droit ancien, l'art. 10 n'indique aucune manière de régler les droits des époux: la loi nouvelle s'en remet absolument à la législation ancienne.

Que l'intention du législateur a été seulement de donner aux *sépa-*

rés de corps, la faculté de se *remarier;* sans rien changer d'ailleurs à leurs droits respectifs. — Or selon la législation ancienne, la séparation de corps n'emportait pas déchéance du gain de survie.

Admettez le système établi par le jugement dont est appel, et dès-lors le législateur va paraître inconséquent et injuste.

Inconséquent, — car le législateur a voulu que les époux divorcés, pour causes introduites, s'ils ne conservent pas droit à un *gain de survie,* en reçoivent une *indemnité,* par une pension viagère, ou par une pension alimentaire. (Art. 8 et 9, section id.)

Mais si l'art. 10 ne laissait aux époux divorcés par suite de *séparation de corps,* que les droits réglés par le jugement de séparation, ou par transaction faite à la suite, il ne leur laisserait ni pension viagère, ni pension alimentaire, rien qui les *indemnisât* de la perte du droit au gain de survie, —car en se séparant de corps, les époux n'avaient jamais à stipuler sur le gain de survie.

Le législateur a donc voulu laisser aux époux divorcés par suite de séparation de corps, d'autres droits à exercer que les droits réglés par *jugemens* ou *transactions* sur la séparation de corps — ou le législateur serait tombé dans une grave *inconséquence* — ce qu'il n'est pas permis de supposer.

Cette inconséquence aurait même une teinte d'*injustice,* en ce que l'épouse divorcée malgré elle, perdrait *plus,* par son divorce, que l'épouse qui a eu possibilité d'empêcher son divorce.

En effet, les causes introduites par les lois nouvelles, laissent toutes à l'épouse un moyen d'éviter le divorce. — D'abord il suffit de sa *volonté* pour rendre impossible le divorce, qui se prononce sur le *consentement mutuel;* il suffit d'une *conduite irréprochable* pour empêcher le divorce, qui se prononce pour *cause déterminée.* — Enfin, des promesses d'amélioration, ou des sacrifices, ou les vœux touchans d'une famille entière, peuvent empêcher le divorce qui se prononce pour cause d'*incompatibilité d'humeur.*

Cependant l'épouse, divorcée de l'une de ces manières, conserve une *indemnité* pour la déchéance de son droit, au *gain de survie.*

Au lieu que l'épouse, séparée de corps, selon les lois anciennes, quand même elle aurait été jadis conduite à cette extrémité par des sévices graves; quand elle aurait conservé tous les droits à la tendresse, aux bienfaits, au retour de son époux; par cela seul qu'elle est *séparée de corps*, ne peut empêcher le *divorce*.

Serait-il possible que son premier *malheur*, la perte de son mari, fût pour elle cause inévitable d'un second malheur, la perte d'un droit au *gain de survie*, au *douaire*, peut-être son unique ressource !

Non, le législateur n'a pu vouloir une telle injustice : il y a outrage à le supposer.

Ajoutons que, à l'époque de la loi du 20 septembre 1792, et du divorce reclamé par feu Buffon, le douaire était pour l'appelante un *droit acquis ;* soit que par sa nature il remonte essentiellement au jour du mariage; soit que la *séparation de corps* puisse être considérée comme un moyen d'ouverture pour le douaire.

, L'appelante s'étayait d'un décret d'ordre du jour, rendu par la convention le 23 vendémiaire, ainsi conçu :

« La convention nationale, après avoir entendu le rapport de
» son comité de législation, sur la pétition du C. Jaquotot, par la-
» quelle il réclame une interprétation de l'art. 10 du §. 3 de la loi
» du 20 septembre 1792, sur le divorce;

» Passe à l'ordre du jour, motivé sur ce que les dispositions de
» cet article sont suffisamment claires, et conservent dans toute
» leur intégrité, aux époux divorcés pour cause de séparation de
» corps, qui se remarient, tous leurs droits, intérêts et avantages,
» de quelque nature qu'ils soient, ainsi qu'ils ont été réglés, soit
» par les jugemens antérieurs, soit par les actes et transactions
» faits entre les parties ».

22 floréal an 9. — Jugement du tribunal d'appel, séant à Paris, qui considérant que le douaire dont il s'agit, était *acquis*, et fut *réglé* lors du traité de décembre 1791; — considérant que le douaire ainsi *acquis* et *réglé*, n'est pas dans le cas prévu par l'art. 6, mais bien qu'il est dans l'*exception* portée en l'art. 10, — infirme le jugement de première instance, et condamne l'héritière de Buffon à servir le douaire de la femme divorcée.

Pourvoi en cassation, pour contravention à l'art. 6 et même à l'art. 10 de la loi du 20 septembre 1792.

Le C. Maussalé, pour l'héritière Buffon, demanderesse, a observé que l'art. 6 était clairement suppressif du douaire dans *tous* les cas de divorce.

Que l'art. 10 ne présentait pas d'*exception*, à cet article 6, ni dans le *contexte*, ni dans l'*esprit* du législateur.

La *lettre* est muette à l'égard de l'article 6.

Le *contexte* lie l'art. 10 à l'art. 4, et non à l'art. 6. — Il indique seulement que les dispositions de l'art. 4, relatives à la communauté de biens et à la société d'acquêts, ne changent rien aux droits *réglés* dans le cas de séparation de corps. — Ainsi point de rapport avec le *douaire*. — Le *contexte* considère le divorce pour séparation de corps, comme divorce pour *cause déterminée*, (dont il a la nature ayant les mêmes causes). — Il le place dans le même paragraphe ; — et c'est à l'égard de *toutes* les espèces de divorces (même du divorce pour séparation de corps), qu'il prononce suppression de douaire.

L'*esprit* du législateur, est d'étendre la suppression à *tous* les divorces. — Il n'y a nulle raison de différence à l'égard du divorce pour la séparation de corps ; car en ce cas, comme dans les autres cas de divorce, il doit y avoir eu *pension* accordée, si la situation des époux le rendait convenable ; (circonstance, d'ailleurs, sans rapport avec l'espèce, la dame de Bussiere étant remariée).

Au lieu d'avoir un motif pour conserver le douaire, dans le cas de séparation de corps, le législateur avait un motif pour le *supprimer* ; en ce que cette suppression était un frein pour l'épouse séparée, et la dissuadait du divorce.

Le sort de la femme déjà séparée de corps, n'était pas plus touchant pour le législateur, que le sort de l'épouse, de la mère, qui depuis longues années remplit tous ses devoirs, avec une constance héroïque, et qui, pour prix, se voit délaissée par un volage, sous le futile prétexte d'*humeur incompatible*.

Puisqu'en ce dernier cas, le législateur a pu déchoir l'épouse de son douaire, il a dû aussi prononcer la déchéance, même dans le cas de divorce pour séparation de corps.

Cherchons-nous l'*esprit* du législateur dans le *rapport*, dans les *discours* relatifs à la loi ?

Mais nulle part on ne retrouve le vœu de la conservation du douaire, au cas de divorce pour séparation de corps.

Au contraire, et par-tout, on trouve que *le douaire est la récompense d'une vie commune jusqu'au décès*, d'où il suit que *le droit au douaire doit cesser à l'instant que cesse la vie commune* (Pag. 5, 7, 8, 18, 19, 28, 30, 31 et 38 du rapport).

Faut-il encore examiner quelle est la nature du douaire, et quelle est la force du décret d'ordre du jour du 23 vendémiaire an 2.

Le douaire est un gain de survie, que le mari ne paie jamais. — C'est la récompense de la veuve. — Il serait ridicule d'appeler *douairière*, celle qui n'est pas *veuve*. — Il est plus ridicule encore de prétendre que l'homme divorcé peut laisser en mourant (outre le douaire de la veuve) autant de douaires à payer, que de ci-devant épouses survivantes.

La coutume de Bourgogne, tit. 4 art. 6, (la loi des parties) dit à l'égard du douaire, *femme mariée est douée après le trépas de son mari*. — Le droit de douaire n'est donc acquis que du jour du trépas du mari, — S'il a son titre dans le contrat de mariage, c'est comme le *droit d'aînesse*, alors qu'il était stipulé au contrat de mariage : et comme le droit d'aînesse, le douaire n'est qu'une *expectative*, il n'a de force qu'après le décès.

Rien donc qui autorise à croire le douaire acquis du jour du mariage.

Et quand ce serait un droit acquis du jour du mariage, on ne pourrait en rien conclure en faveur de la femme divorcée par suite de séparation de corps, puisque le législateur n'a pas respecté les autres douaires, qui sont, tout aussi bien, des *droits acquis* du jour du mariage.

Faudrait-il donc croire que la *séparation de corps* a rendu le douaire, un *droit acquis*, lui a donné *ouverture?*

Mais les auteurs qui ont été divisés sur la question de savoir si la *mort civile* donne ouverture au douaire, n'ont jamais été en pareille controverse à l'égard de la *séparation de corps*. — Il ne faut pas argumenter d'une *fiction*, pour établir une autre *fiction*. — Et s'il était permis d'établir des fictions, il ne faudrait en faire que dans l'esprit de la loi même, qui ne permet de régler les droits des époux, *comme s'il y avait mort naturelle,* qu'à l'égard de la *communauté* de biens, et de la *société d'acquêts.* (Art. 4 du §. 3.)

Enfin, le décret d'ordre du jour, du 25 vendémiaire an 2, ni même un autre décret d'ordre du jour, du 2 floréal an 6 (qu'on trouve dans le Moniteur, n°. 1957) ne sont pas relatifs à un droit de *douaire,* mais bien à la conservation d'une *pension réglée* entre les époux, lors de leur séparation.

Si ce décret a trait à la matière, c'est en un autre sens. — Car il affirme *que la disposition de l'article 10 est suffisamment claire, qu'il n'y a pas lieu à interpréter.*

Donc, il décide que le texte doit être pris dans le sens naturel et obvie, qu'il ne faut pas chercher *ailleurs,* et dans une prétendue *intention* du législateur, le sens de cet article 10.

Donc, ce décret d'ordre du jour décide que les juges d'appel qui ont trouvé au texte un sens *caché,* et sûrement *difficile à découvrir,* ont mal entendu cet article 10, et qu'ils y ont contrevenu, tout aussi bien qu'à l'art. 6.

En résumant, — l'art. 6 dispose clairement suppression de douaire dans tous les cas de divorce. — Donc, il fallait déclarer le douaire supprimé dans l'espèce; à moins d'une *exception* aussi claire que la disposition même.

Or, de l'aveu même des juges d'appel, l'art. 10 ne présente pas *clairement* une *exception.* — Donc, etc.

Le commissaire Merlin a examiné d'abord quelle est la nature du douaire? C'est *une dot donnée par le mari à son épouse.*

Dotem non uxor marito sed maritus uxori offert, dit Tacite en écrivant sur les *mœurs* de nos pères les *Germains.* (Pothier, traité du douaire).

Cette dot, selon le droit commun, consiste principalement dans l'usufruit (après le décès du mari) de la moitié (ou du tiers) des immeubles que le mari tient et possède au jour des épousailles.

Mais une dot..... de biens *actuellement acquis,* est nécessairement plus qu'une *expectative.*

On cite la maxime: *jamais époux ne paya douaire.*

Cette maxime prouve bien que le douaire n'est pas *exigible* avant la mort du mari.

Mais elle ne prouve pas que ce soit la mort du mari qui donne *force* et *consistance* au droit du douaire.

En jurisprudence, nous distinguons le *fonds* et l'*exercice* d'un droit. — Le *fonds*, qui a source dans le *titre ;* et l'*exercice*, qui ne devient légitime qu'après l'*évènement* de la condition suspensive.

Ainsi le douaire étant un droit acquis par convention, bien qu'il ne soit exigible qu'à l'époque du décès, est cependant dû depuis l'instant du mariage. Aussi l'usage nous apprend qu'à l'égard de son douaire, la femme peut faire tous actes *conservatoires*, comme aussi les auteurs attestent qu'elle peut en disposer par forme de *subrogation*.

Le commissaire a donc été d'avis que le douaire était un *droit acquis* à l'époque du divorce, ou de la loi du 20 septembre 1792.

Que si ce droit était acquis antérieurement à cette loi, tout portait à croire qu'il existait même après elle.

Entrant dans l'examen de ses dispositions, le commissaire a vu, comme les juges d'appel, que la déchéance du droit au gain de survie, était prononcée seulement contre les divorcés, pour *consentement mutuel, incompatibilité d'humeur*, ou *cause déterminée ;* qu'elle ne s'appliquait pas aux divorces opérés par suite des *séparations de corps* antérieures à la loi; que les divorcés de cette classe conservaient, après le divorce, tous les mêmes droits réels qu'ils avaient après leur séparation de corps;

Partant, — le commissaire a voté pour le rejet.

Le tribunal, attendu que le jugement attaqué, en adjugeant à M. F. Bouvier-Cépoy, première femme de G. L. M. Leclerc-Buffon, de lui séparée de corps et d'habitation en 1791, et depuis divorcée sur la provocation de son mari en 1791, la jouissance, à droit de survie, du douaire préfixe, stipulé par le traité de leur mariage en 1784; retenu lors de l'acte qui a suivi la séparation de corps, et maintenu par la disposition de l'art. 10 du §. 5 de la loi du 20 septembre 1792, n'a fait qu'ordonner l'exécution des conventions matrimoniales, et de la disposition de la loi qui les maintient entières au cas de divorce intervenant sur séparation de corps prononcée avant l'introduction du divorce. — Rejette, etc.

Du 23 germinal an 10. — Section des requêtes. — Rapp. Vasse.

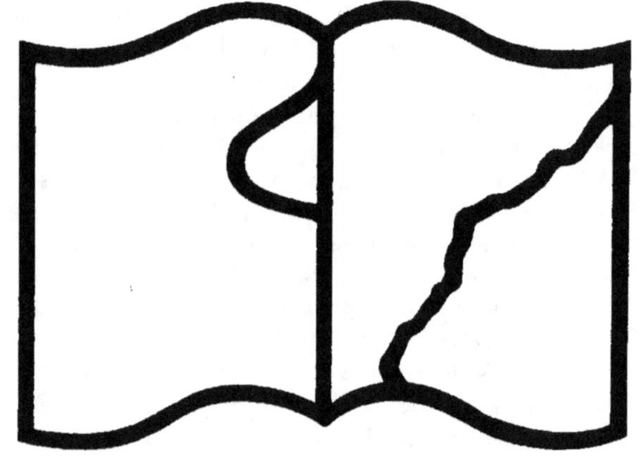